Dinero rápido en un fin de semana.

QUICK MONEY IN A WEEKEND

Por: D.K. Hawkins
Serie "Dinero Rápido"
Versión 1.1 ~Noviembre 2022
Publicado por D.K. Hawkins en KDP
Copyright ©2022 por D.K. Hawkins. Todos los derechos reservados.

Ninguna parte de esta publicación puede ser reproducida, distribuida o transmitida en cualquier forma o por cualquier medio, incluyendo fotocopias, grabaciones u otros métodos electrónicos o mecánicos, o por cualquier sistema de almacenamiento o recuperación de información, sin el permiso previo por escrito de los editores, excepto en el caso de citas muy breves incorporadas en reseñas críticas y algunos otros usos no comerciales permitidos por la ley de derechos de autor.

Quedan reservados todos los derechos, incluido el de reproducción total o parcial en cualquier formato.

Toda la información contenida en este libro se ha investigado cuidadosamente y se ha comprobado su exactitud. Sin embargo, el autor y el editor no garantizan, expresa o implícitamente, que la información contenida en este libro sea apropiada para cada individuo, situación o propósito y no asumen ninguna responsabilidad por errores u omisiones.

El lector asume el riesgo y la plena responsabilidad de todas sus acciones. El autor no será responsable de ninguna pérdida o daño, ya sea consecuente, incidental, especial o de otro tipo, que pueda resultar de la información presentada en este libro.

Todas las imágenes son de uso gratuito o han sido adquiridas en sitios de fotografías de stock o libres de derechos para su uso comercial. Para la elaboración de este libro me he basado en mis propias observaciones y en muchas fuentes diferentes, y he hecho todo lo posible por comprobar los hechos y dar el crédito que corresponde. En caso de que se utilice algún material sin la debida autorización, le ruego que se ponga en contacto conmigo para corregir el descuido.

La información proporcionada en este libro tiene únicamente fines informativos y no pretende ser una fuente de asesoramiento o análisis crediticio con respecto al material presentado. La información y/o los documentos contenidos en este libro no constituyen un asesoramiento legal o financiero y nunca deben utilizarse sin consultar primero con un profesional financiero para determinar qué puede ser lo mejor para sus necesidades individuales.

El editor y el autor no ofrecen ninguna garantía ni promesa sobre los resultados que puedan obtenerse al utilizar el contenido de este libro. Nunca debe tomar ninguna decisión de inversión sin consultar primero con su propio asesor financiero y realizar su propia investigación y diligencia debida. En la medida en que lo permita la ley, el editor y el autor renuncian a toda responsabilidad en caso de que la información, los comentarios, los análisis, las opiniones, los consejos y/o las recomendaciones contenidas en este libro resulten ser inexactos, incompletos o poco fiables o den lugar a pérdidas de inversión o de otro tipo.

El contenido de este libro no pretende constituir ni constituye un asesoramiento jurídico o de inversión, y no se establece ninguna relación abogado-cliente. El editor y el autor proporcionan este libro y su contenido "tal cual". El uso que usted haga de la información contenida en este libro es por su cuenta y riesgo.

ÍNDICE DE CONTENIDOS.

Dinero rápido en un fin de semana. 1
ÍNDICE DE CONTENIDOS. 4
INTRODUCCIÓN. 7
CAPÍTULO 1: POR QUÉ GANAR DINERO RÁPIDO EN UN FIN DE SEMANA? 10
CAPÍTULO 2: FORMAS DE GANAR DINERO RÁPIDO EL FIN DE SEMANA. 13
    1. Vender las cosas de los demás. 13
    2. Escribir artículos. 15
    3. Crear un blog. 21
    4. Cuidador del hogar. 30
    5. Servicios de limpieza. 39
    6. Servicios de pintura residencial. 42
    7. Servicios de paseo de perros. 46
    8. Negocio de las máquinas expendedoras. 50
    9. eBay y Craigslist. 55
    10. El intercambio se une al marketing. 56
    11. Niñera. 67
    12. Vender la cena. 69
    13. Encuesta pagada. 70
    14. Vender espacio para publicidad en su blog. 72

15. Marketing de afiliación. 73

16. Subasta en línea. 76

17. Autónomos. 77

18. Reciba dinero en efectivo por sus aparatos electrónicos. 78

19. Trabajar en el sector de la reparación de automóviles.. 79

20. Escultura de tartas. 80

21. Fotografía de animales. 80

22. Cosas hechas a medida. 81

23. Tutoría. 82

24. Detallado de vehículos. 84

25. Conservación de propiedades comerciales. 84

26. Guardavidas. 85

27. Escenario de una banda o grupo de teatro. 86

28. Empezar un negocio de mantenimiento de coches. 86

29. Participar en una campaña de recogida de botellas. 87

30. Organizar una venta de garaje. 87

31. El Papel Prensa. 88

32. Paisajista temporal. 88

33. Iniciar una pequeña empresa. 88

34. Utilice sus conocimientos técnicos. 89

35. Alquiler privado de vacaciones. 89

CAPÍTULO 5: LOS TRABAJOS DE FIN DE SEMANA FAVORITOS DE LOS ESTUDIANTES UNIVERSITARIOS. 92

CAPÍTULO 6: GANE 1.000 DÓLARES EN UN SOLO FIN DE SEMANA. 95

CAPÍTULO 7: PASOS PARA ENCONTRAR RÁPIDAMENTE UN TRABAJO DE FIN DE SEMANA. 101

CAPÍTULO 8: MIS 50 MEJORES MANERAS DE GANAR 100 DÓLARES EN LÍNEA EN UN FIN DE SEMANA. 106

CONCLUSIÓN. 115

INTRODUCCIÓN.

Este fin de semana, hay muchas oportunidades para obtener ingresos rápidos sin gastar nada. Ciertamente, hay muchas alternativas gratuitas para ganar dinero. Muchos individuos han dominado estos métodos y han comenzado a dejar la carrera de la rata poco a poco. Permítanme proporcionar algunas técnicas simples para escapar de la carrera de la rata.

Por ejemplo, la obtención de artículos reimpresos es la forma más rápida de comenzar con los blogs de AdSense. Los artículos reimpresos son artículos gratuitos que se pueden publicar en un sitio como contenido. En primer lugar, debe registrarse en un blog gratuito y publicar sus artículos de reimpresión allí.

Luego, publica al menos 10 posts y envíalos a los principales directorios para promocionar tu sitio, y ¡voilá! La gente se interesará por tu blog y, sin duda, hará clic en tus anuncios de AdSense, ¡y te compensarán por ello para que tengas algo de dinero rápido antes del fin de semana! (La respuesta para hacer grandes cantidades de dinero con estos blogs es crear al menos cinco de ellos).

Empezando con la distribución de artículos a directorios de artículos puede que no gane mucho dinero inmediatamente. Sin embargo, este proceso se construye de manera constante y hace enormes cantidades de tráfico cuando usted envía muchos artículos.

Hay varios métodos para unirse a foros y vender contenido. Usted será asombrado por cuántos individuos desean comprar su material. Yo he hecho esto, y la gente adora comprar contenido de foros. ¿Cuánto puedes ganar simplemente creando y vendiendo artículos?

Si eres serio, puedes escribir un artículo en quince minutos y cobrar 5 dólares por cada artículo. Puedes ver lo rápido que esto se acumulará y te hará ganar al menos 100 dólares para este fin de semana. Estas son algunas de las mejores sugerencias para la elaboración de artículos, pero aquí está la solución final.

Actualmente, si usted cree que su salario es suficiente, se equivoca. La gente compite por encontrar más empleo para mejorar su situación financiera y poder tener un mañana más brillante. El empleo de fin de semana a tiempo parcial es uno de los trabajos extra más comunes.

Su único objetivo es aumentar tu bienestar financiero. Además, el horario flexible beneficiará a otros y no interferirá con tu empleo principal. Si decides buscar un empleo de fin de semana, la siguiente explicación puede ser de ayuda. Feliz lectura.

CAPÍTULO 1: POR QUÉ GANAR DINERO RÁPIDO EN UN FIN DE SEMANA?

En primer lugar, necesitamos una oportunidad, que la economía moderna ofrece a diario cerca de tu lugar de residencia. Para la mayoría de las familias que viven de cheque en cheque, es una bendición y todavía extremadamente posible ganar dinero rápido cada fin de semana. No me refiero al marketing multinivel, a la creación de productos o a las llamadas en frío.

Es difícil cuando estás haciendo todo lo posible para pagar tus facturas, y un pequeño aumento de los ingresos te proporcionaría un respiro. Una vez que descubrí esto, pude pagar mi coche y mis tarjetas de crédito con el otro dinero generado. Eran mi principal preocupación porque estaba cansado de pagar todo mi dinero a los acreedores, pero si quieres una televisión de pantalla grande, adelante.

Cuando describo un único método para ganar dinero rápidamente, no me refiero a dinero gratis que se pueda conseguir sin esfuerzo, ya que esto no existe. Si no te importa un poco de trabajo de campo, puedes establecer tu propio negocio por menos de 100 dólares y operar bajo el radar mientras generas ingresos extra. entonces, escucha atentamente.

Tanto si la economía es fuerte como si es mala, las prioridades de todo el mundo cambian, y lo mismo ocurre con los que guardan sus posesiones más preciadas en pequeñas unidades de almacenamiento. Algunas de estas unidades acaban siendo abandonadas y no se paga el alquiler mensual. Esta es una excelente oportunidad para pujar por una unidad y ganar su contenido.

Cuando se gana una subasta y se explora el contenido de la unidad de almacenamiento compacto, es como la Navidad. Algunos productos, como la cámara de vídeo de alta gama que gané, le serán útiles a usted y a su familia. Luego tendrás que conseguir precios para las demás cosas, lo que te mostraré cómo lograr fácilmente en línea.

No es necesario que vendas estos productos; basta con que envíes un anuncio con el lenguaje adecuado para que destaque. Además, hay un sitio web que puede vender sus bienes en menos de veinticuatro horas por dinero en efectivo sin ningún gasto.

Examine las unidades de mini-almacenamiento de su barrio y de los municipios adyacentes que puede utilizar para ganar dinero rápido. El contenido de estas unidades de almacenamiento debe ser reubicado antes de que puedan ser alquiladas de nuevo. Usted ofrece un servicio de asistencia, por el que se le compensa generosamente.

Más del noventa por ciento de los que lean esto no harán nada. Los que ahora presenten una oferta pueden verse disuadidos por no haber ganado las ofertas la primera vez y abandonar sus esfuerzos.

Usted, sin embargo, no es como ellos; lo necesita y es persistente; se da cuenta de que con el tiempo aprenderá cosas nuevas hablando con los que ya han ganado experiencia y han logrado grandes éxitos.

CAPÍTULO 2: FORMAS DE GANAR DINERO RÁPIDO EL FIN DE SEMANA.

1. Vender las cosas de los demás.

Ayudar a otros a ganar dinero es un negocio lucrativo, y existe una gran posibilidad de dar a otros una forma rápida y fácil de ganar dinero. La mayoría de nosotros hemos acumulado más posesiones materiales de las que necesitamos. Esta es una oportunidad de oro para adquirir un negocio que prospere durante las dificultades económicas.

¿Cómo? Puede ganar dinero los fines de semana prestando sus servicios como planificador de ventas de garaje y de bienes inmuebles y vendiendo las pertenencias de otras personas. Ya sabemos que muchas personas tienen muchos artículos en sus garajes o casas que pueden vender, y también sabemos que la gente intenta ahorrar dinero para comprar en tiendas de descuento. ¿Qué puede ser un mejor lugar para comprar que una venta de garaje o de inmuebles?

Te ofreces a organizar la venta de artículos de la A a la Z para que la gente llegue con una buena suma de dinero al fin de semana. Te encargarás de cada aspecto del proyecto. Redactarás una lista de los productos a vender y el precio por el que se venderán y simplemente harás que tu cliente firme el formulario y le darás una copia. Usted organizará la publicidad y la promoción de la venta e incluso la venta de los propios productos.

Te asombrará darte cuenta de la cantidad de cosas que la gente tiene realmente para vender y el valor que aguarda en un garaje. También puedes avisar a los vecinos de que vas a realizar una venta y preguntarles si quieren organizarla.

Pueden participar preparando una caja de productos para que usted la recoja. Esto podría llevar a otro cliente a desear su venta o simplemente darles una muestra de lo que usted está haciendo por sus vecinos. En cualquiera de los dos casos, estás ayudando a quienes necesitan un poco más de dinero y ganando un negocio que sólo necesita tu talento para organizar y publicitar.

2. Escribir artículos.

¿Es consciente de que escribir artículos puede proporcionarle importantes ingresos? Está considerada como una de las industrias de Internet que cada vez mueve más miles de millones de dólares. ¿Cuáles son las claves para ser un escritor de artículos exitoso o para operar un negocio en casa que venda servicios de escritura de artículos? Describiré los siete hábitos de un redactor de artículos de éxito.

Proactivo.

Al iniciar un negocio, descubrirá que miles de personas hacen lo mismo, pero ¿por qué algunas personas sobresalen mientras otras fracasan? Los escritores de artículos que no tienen éxito se anticipan pasivamente a un pedido. Esta característica distingue a los buenos escritores de artículos de los demás.

No invierten tiempo en desarrollar su negocio de redacción de artículos. Uno puede ser proactivo de muchas maneras, incluyendo la creación de un perfil de vídeo, asistiendo a cursos de escritura de artículos, y la creación de redes con otros autores en línea o fuera de línea. Todas estas acciones harán más pedidos de escritura de artículos y sugerencias para convertirse en un mejor escritor.

Perspectiva a largo plazo.

Los escritores de artículos con éxito tienen un objetivo a largo plazo que les llevará al éxito a largo plazo. Establecen sus objetivos de estilo de vida para poder trabajar cuando y donde quieran.

Con este ideal de estilo de vida en mente, hacen todo lo posible para alcanzar el éxito. Al igual que con todos los demás negocios de Internet, la redacción de artículos no es una forma rápida de ganar dinero. Se necesita tiempo para desarrollar la experiencia, la reputación y el SEO.

Ser puntual.

¿Quién tiene tiempo? Nadie tiene razón. Los redactores de artículos de éxito comprenden la importancia de la puntualidad. Establecen objetivos diarios, por horas y por segundos para trabajar.

Así es como un esfuerzo modesto acumula éxito con el tiempo. La entrega de contenidos de alta calidad y a tiempo a su cliente mejoraría su reputación. Se convierte en una publicidad gratuita en Internet para usted.

Siempre victorioso.

Los escritores de artículos exitosos no buscan circunstancias de ganar o perder en las transacciones comerciales. Se concentran en cómo su trabajo puede ayudar a otros a generar ingresos. Ellos comparten sus contactos y recursos con otros escritores de artículos para establecer una gran red. Así, se puede crear un negocio sostenible utilizando sus conocimientos y habilidades para atraer a muchos clientes potenciales.

Sé positivo.

El principio de la Ley de Atracción es efectivo para los escritores de artículos y sus negocios. La energía positiva atrae hacia sí la energía positiva. Encuentran formas de mejorar cuando confían en su trabajo y aceptan la responsabilidad del resultado. Por lo tanto, amplían rápidamente su red.

Estar dispuesto a aprender.

Los conocimientos están en constante evolución. Los redactores de artículos pueden elegir los nichos con más experiencia, pero deben actualizar continuamente sus conocimientos, su terminología y sus expresiones. Por muy pulido que sea su talento, sus escritos no lograrán cautivar a los lectores si dejan de aprender. Si escribe como un profesor de los años 80, será imposible atraer a los lectores.

Compromiso.

Este es un hábito esencial de todas las personas con éxito. Borren "lo intentaré" de su diccionario mental. Cuando transforman "intentaré" en "debo", se comprometen. Esto implicará renunciar a su tiempo libre para ver telenovelas interminables, Facebook y mirar escaparates los fines de semana. Cuando encuentran barreras o rechazos, recuerdan inmediatamente su visión y retoman el trabajo.

No puede esperar a empezar a escribir, así que debe ponerse en contacto con un especialista en redacción de artículos que le sirva de mentor. El primer paso es que comparta sus años de experiencia y una biblioteca secreta. Haga clic aquí para obtener más detalles.

El marketing de artículos es una forma sencilla de ganar dinero si se hace correctamente. Es más fácil que muchas otras oportunidades de ganar dinero en línea. Por ejemplo, la comercialización mediante artículos es mucho más simple que la optimización de motores de búsqueda, en la que se intenta clasificar las páginas de su sitio web para varias frases de palabras clave que un usuario puede introducir en Google.

Los vídeos son lo único que se me ocurre comparable a los artículos, y el marketing con vídeos es prácticamente lo mismo que el marketing con artículos, salvo que se utilizan vídeos. Este marketing también es mucho más indulgente que el marketing de pago por clic, en el que se puede perder rápidamente mucho dinero. También necesita mucho menos tiempo que el marketing en las redes sociales.

Puedes ganar mucho dinero con el marketing de artículos. Es básico. No es necesario crear un sitio web elaborado ni nada parecido. Para empezar, sólo necesitas un ordenador y algo de tiempo para sentarte. Ah, sí, ¡debes saber lo que estás haciendo! A la luz de esto, vamos a examinar algunos de los talentos que puedes necesitar para tener éxito en esta forma de marketing.

¿Qué puedo decir? Debe tener la capacidad de escribir. Sin embargo, eres afortunado. Esto no es la escuela, y no te calificarán. En realidad, te evaluarán comprando tus productos, pero este no es un sistema de calificación tradicional.

Si sabes escribir, puedes ganar dinero con el marketing de artículos; pero no es necesario que escribas con eficacia. El hecho de que usted tenga un contenido significativo en su escritura es mucho más esencial. No es necesario que sea algo trascendental.

No necesitas encontrar la fórmula de Einstein cada vez que escribes, pero debes ser capaz de transmitir conocimiento que otros necesitan y quieren. Esto indica que probablemente deberías escribir artículos sobre temas siempre populares, como la pérdida de peso, la autoayuda y cómo ganar más dinero.

3. Crear un blog.

Seguramente has oído que escribir en un blog puede ser lucrativo, y probablemente te han inundado con propuestas de correo electrónico que anuncian cómo ganar miles de dólares de la noche a la mañana sólo escribiendo. ¿A quién no le vendría bien un dinero extra cada mes en estos tiempos de dificultades económicas? Afortunadamente, usted reconoce una estafa cuando la ve y no ha caído en la trampa de los comerciantes de comprar un programa tras otro en busca de uno que funcione.

La verdadera tragedia es que se puede ganar dinero con los blogs, y miles de personas ya lo están haciendo. No te harás rico de la noche a la mañana, pero si estás preparado para poner un poco de esfuerzo, puedes obtener un ingreso estable para ayudar a las necesidades de la familia. Si dedica tiempo y esfuerzo, puede ganar millones (pero no de la noche a la mañana). Puedes sustituir tu trabajo diario por un blog.

Pero para ganar dinero, debes entender los fundamentos de la industria de los blogs.

Elija un nicho.

Necesitará un tema sobre el que escribir; seleccionar el adecuado puede significar distinguir entre el éxito y el fracaso. El objetivo final es atraer visitantes a su sitio web, cultivar una relación con ellos y luego venderles algo. Elegir un nicho con poca competencia es crucial para alcanzar este objetivo.

¿Cómo se logra esto?

No obstante, hay ciertas directrices generales que deben tenerse en cuenta. Un viejo proverbio del marketing directo dice que un comercializador (en el que usted se convertirá) debe identificar a un público hambriento, determinar qué es lo que desea y luego alimentarlo.

Otro criterio es localizar un público cuya demanda ocupe sus pensamientos al menos una vez al día y en el que tenga una inversión emocional. Por ejemplo, una persona con hipertensión presumiblemente la considera a diario cuando toma su medicación. Tienen una inversión emocional, ya que pueden morir a causa de esta enfermedad. Están desesperados por encontrar una cura o, al menos, aliviar los efectos adversos de la medicación.

Este público abunda en nichos que abordan la salud, las relaciones o la riqueza.

Localizar un público es sencillo. Encontrar un público hambriento de algo requiere más esfuerzo.

Un método para determinar lo que este grupo demográfico está deseando es observar lo que están comprando. Esto puede hacerse en línea visitando Amazon y examinando los productos más vendidos en una categoría determinada.

O puede aprovechar las decenas de miles de dólares que otros han gastado en estudios de mercado para determinar lo que ofrecen. Una visita al sitio web de los libros "Dummies", por ejemplo, le proporcionará una lista de los títulos que venden. Estos títulos no se ofrecerían si no se estuvieran vendiendo.

Una vez que haya elegido un nicho, debe intentar que sea lo más específico posible. Por ejemplo, si elige el comercio de acciones, puede refinar su enfoque a los futuros de comercio diurno.

Centrarse en el comercio de futuros durante el día elimina una cantidad considerable de competencia y se dirige a un nicho de clientela. Además, la palabra clave "day trading futures" recibe aproximadamente 9000 búsquedas mensuales.

Seleccione un producto.

Después de seleccionar un nicho, el siguiente paso es vender algo, que es la parte sencilla. Todos los fabricantes venden a través de afiliados, incluidos Wal-Mart, Macy's y decenas de miles de otros.

Puedes buscar en Google productos relacionados con el day trading utilizando el ejemplo anterior escribiendo "day trading affiliate". Elige tres o cuatro y regístrate. Recibirás algo de basura, pero también adquirirás algunas joyas.

Tu blog.

Hay muchas plataformas de blogs gratuitas, como Blogspot.com, Weebley.com, y redes 2.0, como

HubSpot, Squidoo y muchas otras. Sin embargo, si deseas monetizar tu blog, debes obtener tu nombre de dominio y alojarlo tú mismo.

Hay dos justificaciones principales para esta pequeña inversión. La primera y más importante es que se trata de tu sitio web, y los términos y condiciones de cualquier otra persona no te obligan. Puedes hacer lo que quieras con tu dominio sin miedo a que te reprendan. Si determinan que tu especialidad es el spam, pueden cerrar tu blog si está alojado en un dominio gratuito.

En segundo lugar, el nombre de dominio en sí es esencial para un SEO eficaz. Utilizando el ejemplo del comercio diurno, podría intentar adquirir daytradingfutures.com,.org, o.net.

El contenido es el rey.

Aunque tengas el nicho más caliente y el producto más popular, fracasarás si tu contenido carece de valor. No publique contenidos sin sentido sólo por publicar algo. El texto debe ser gramaticalmente correcto e instruir o divertir al lector. Si se le dificulta escribir, debería contratarlo. Una variedad de sitios web de escritura freelance ofrecen escritores cualificados a precios razonables.

Tome medidas.

Una vez que el sitio esté en funcionamiento, debes seguir proporcionando un gran contenido; ésta es una de las ventajas de utilizar la plataforma de blogs gratuita WordPress para tu blog. Si pasas un fin de semana escribiendo 15 o 20 entradas para el blog, puedes cargarlas en WordPress y programarlas para que se publiquen durante un periodo determinado. Esto crea la sensación de crecimiento "natural", que a Google le encanta, y te da un respiro de casi tres semanas para escribir.

Es posible que se sienta algo consternado al descubrir que no siempre es tan sencillo como la gente lo hace; muchas personas que le dicen que lo es simplemente están intentando quitarle su dinero. Habrá enfoques simples y difíciles para hacer una tarea como cualquier otra.

Hacer las cosas de la manera difícil podría resultar en la frustración y el eventual abandono de un esfuerzo.

Una de las razones por las que ganar dinero con los sitios web de blogs es simple es porque permiten a cualquier persona publicar contenido en Internet rápidamente. Esto es válido tanto para los que llevan mucho tiempo trabajando en línea como para los tecnófobos.

La mayoría de los programas de blogs actuales son gratuitos y estúpidamente sencillos de instalar y gestionar. Si sigue las instrucciones básicas, podrá empezar a ganar dinero con los sitios web de blogs casi de inmediato, aunque existe una ligera curva de aprendizaje asociada al trabajo de esta manera en Internet.

En primer lugar, tendrá que configurar su blog. Esto se puede lograr de varias maneras, ya sea mediante la creación de un sitio web de blog gratuito o, para un enfoque más profesional, mediante la compra de un dominio y alojamiento. Si tu objetivo es ganar un par de dólares, puedes hacerlo sin pagar dinero en sitios web como blogger.com.

Sin embargo, si quieres crear un negocio y generar ingresos a largo plazo con los sitios web de blogs, es posible que desees adoptar un aspecto más profesional.

Aunque la puesta en marcha de un negocio de este tipo conlleva muchas cosas, no tiene por qué ser demasiado complicada. Hay muchos manuales destacados que le guiarán a través de cada etapa del procedimiento. Siguiendo cuidadosamente estos pasos, puede tener todo montado y empezar a ganar dinero con los sitios web de blogs en un fin de semana o dos.

La mayoría de los blogs que tienen éxito comienzan como pasatiempos de fin de semana que más tarde se convierten en negocios. Un ejemplo de blog de comida es KampungboyCitygal.com, que cubre la escena de la cocina asiática. El New York

Times ha cubierto su blog y recientemente ha añadido una sección sobre sus viajes.

Si eres hábil escribiendo y tienes suficiente contenido para tres o seis meses, puedes conseguir una cantidad sostenible de tráfico e interés en el blog. Una vez que tenga una cierta cantidad de tráfico, puede ampliar su blog buscando blogueros invitados o revisando artículos de otros blogueros.

Los blogueros de éxito pueden ganar dinero anunciándose en sus sitios o publicando reseñas de productos que sus lectores puedan encontrar útiles. Además, sus blogs pueden conseguir una audiencia importante, lo que puede dar lugar a un lucrativo contrato para un libro con una editorial importante.

4. Cuidador del hogar.

Muchas personas están cambiando radicalmente su vida para convertirse en cuidadores a tiempo completo de fincas, granjas, ranchos o incluso reservas naturales. La profesión de cuidador existe desde hace milenios y no es nueva.

Sin embargo, la era moderna nos ha proporcionado la posibilidad de viajar en avión y la oportunidad de comunicarnos a través de Internet y los periódicos. Estos dos medios han puesto en primer plano el cuidado de personas como una oportunidad para todos.

Son muchas las situaciones que hacen necesarios los servicios de un cuidador, siendo la más común la compra de una segunda o incluso tercera residencia debido a un trabajo. Los padres ya no dejan a sus hijos con una niñera o un familiar cuando viajan, sino que los llevan consigo.

Esto ha motivado a muchos individuos a comprar una segunda vivienda. Estos individuos no están dispuestos a alquilar su segunda propiedad. Desean poder volver en cualquier momento.

Otros están comprando segundas viviendas en destinos vacacionales populares. Estos individuos no están interesados en una simple inversión inmobiliaria. Estas propiedades vacacionales se compran para ofrecer una invitación abierta a la familia y a los amigos que deseen visitarlas en cualquier momento.

La gente vive más tiempo que antes, lo cual es un hecho bien conocido. El propietario de una granja, rancho o posada en funcionamiento puede contratar a un trabajador más joven para que le ayude en la gestión de la propiedad. Puede que sus hijos adultos tengan sus ocupaciones o que no deseen desempeñar un papel tan activo en la gestión del negocio familiar.

Se sabe que las primas de los seguros de segunda vivienda son mayores que las de una residencia principal. Este aumento se debe a que las compañías de seguros son conscientes de que las segundas viviendas suelen estar vacías. La probabilidad de que se produzca un robo, una inundación o un incendio aumenta en estas residencias. Estos grupos están descubriendo que el empleo de un cuidador satisface sus diversas demandas.

La contratación de un cuidador puede reducir marginalmente las tarifas del seguro, dependiendo de la compañía aseguradora.

Los que contratan a un cuidador también descubren que les ahorra dinero con el tiempo. Tener a alguien en el lugar para realizar el mantenimiento rutinario, identificar posibles problemas y hacer reparaciones a medida que surgen es considerablemente más rentable que contratar ayuda externa para una empresa importante.

Además, sus casas y posesiones están protegidas de posibles robos, vagabundos y jóvenes de la junta que puedan decidir merodear. Los cuidadores pueden ser contratados a corto o largo plazo.

Las personas o familias que prestan servicios de cuidado buscan un cambio de ritmo. Por lo general, son habitantes de la ciudad que desean un cambio de ambiente y de modo de vida para sus familias y para ellos mismos.

Algunos individuos nunca trabajarían con animales o en una reserva natural. Algunos no pueden emigrar a lugares remotos o rurales. La vocación de cuidador les abre las puertas.

Normalmente, los cuidadores son jubilados. La necesidad de sentirse útil, el deseo de una segunda profesión y la posibilidad de perderse en un nuevo entorno atraen a los jubilados al cuidado de personas. Sus experiencias vitales previas les servirán para entrar en el sector de los cuidados.

El empleo como cuidador está garantizado para cualquier persona con conocimientos de gestión de tierras, jardinería, mantenimiento y cuidado de animales. Ser cuidador en un hostal o una posada podría ser una alternativa viable para alguien con experiencia en delegación, gestión y atención al cliente.

En los últimos años, habría sido imposible para los jubilados seguir sus objetivos y trasladarse a una región elegida. Sin embargo, esto ya no es así. Los que siempre han deseado cultivar su tierra, trabajar con animales o residir en una playa exótica pueden alcanzar estos objetivos a través del cuidado de personas.

Las familias jóvenes también están encontrando oportunidades de empleo como cuidadores. Muchos grandes propietarios, ganaderos y reservas naturales emplean a padres de niños pequeños para que les ayuden en el mantenimiento del lugar. Los padres optan por trasladarse para enseñar a sus hijos distintas partes del mundo y nuevas formas de vida o para sacarlos de la ciudad y acercarlos a la naturaleza.

Un aspecto esencial para entender el trabajo de cuidador es que se trata de una actividad de ocio. No es como el mundo empresarial, y no hay que preocuparse por vivir bajo la vigilancia de un patrón dictatorial.

La mayoría de los propietarios ni siquiera están allí, y los que entienden el valor de la soledad y de un entorno tranquilo sí. El entorno permite a los cuidadores viajar a su ritmo y disfrutar de todas sus ventajas.

El alquiler gratuito es la principal ventaja que se concede a los cuidadores. Esto permite a los jubilados ahorrar, pagar la educación de sus hijos o cubrir otros gastos del hogar. El alquiler gratuito también ayuda a las familias jóvenes que están ahorrando para comprar su propia casa. En este entorno relajado, los cuidadores deben ser muy independientes, estar motivados y ser capaces de trabajar de forma autónoma.

Dependiendo del empleo, puede proporcionarse un pequeño estipendio o paga, así como un seguro médico. El cuidador suele cubrir los gastos de mudanza, pero el propietario puede cubrir ocasionalmente estos gastos.

Las responsabilidades de un cuidador varían en función de su ubicación.

Sin embargo, las principales prioridades de todos los cuidadores son la integridad y la pasión por el medio ambiente. Para trabajar en una granja de caballos, en un rancho de trabajo o en una reserva natural es necesario tener pasión por los animales.

Los cuidadores de albergues o posadas deben tener pasión por la gente y el servicio al cliente. En función de los intereses y las áreas de competencia del cuidador, normalmente se puede encontrar un propietario adecuado.

La mayoría de los propietarios están dispuestos a formar a una persona con la que tengan relación, que consideren de confianza y que tenga potencial. Los propietarios prefieren contratar a alguien que creen que es de confianza que a alguien con una página de referencias de quien sospechan que puede ser un delincuente. También es crucial recordar que las personas que no se consideran experimentadas en áreas específicas podrían hacer carrera como cuidadores.

El cuidado de personas es un método excelente para que los jubilados pasen sus años dorados. El ritmo pausado y relajado, el entorno natural y el alojamiento gratuito proporcionan una experiencia que les cambiará la vida, como nunca antes. El cuidado de animales también es adecuado para abrir su rancho, posada o pesquería.

Ofrece a los estudiantes la posibilidad de aprender mientras ahorran dinero. Las familias se benefician del entorno rural y de la capacidad de inculcar a los niños la pasión por la tierra y los animales. El dinero que se ahorra en el alojamiento puede invertirse en una futura vivienda o en la educación de sus hijos.

El acuerdo de cuidado beneficia tanto al propietario como al cuidador. Los informes revelan que hay una creciente necesidad de cuidadores en todo el mundo. Establecer un buen vínculo entre el propietario y el cuidador es posible. Se puede utilizar Internet y los periódicos para localizar a propietarios y cuidadores.

Si puedes demostrar que eres un cuidador de confianza, es una gran oportunidad para ganar dinero y ahorrar en el alquiler. Esta posibilidad es más efectiva durante el verano, cuando la gente viaja durante largos periodos y necesita que alguien cuide de su propiedad o de sus mascotas.

Un amigo mío hace esto como trabajo de verano durante la universidad. Además de ganar dinero con el cuidado de la casa durante el verano, también ahorró dinero en el alquiler de su alojamiento en la universidad.

5. Servicios de limpieza.

Hoy en día, los servicios de limpieza del hogar son extremadamente populares. Como la gente está cada vez más ocupada, necesita personas que se ocupen de sus casas; por lo tanto, la limpieza profesional del hogar es un método fantástico para ganar dinero en la era moderna. Lo mejor de todo es que necesitarás una inversión económica mínima; todo lo que necesitas son habilidades para el cuidado de la casa y mucho esfuerzo.

Antes de empezar, asegúrese de tener el equipo necesario. En primer lugar, necesitará material de limpieza. Piense en marcas fiables y eficaces que puedan realizar la tarea con poco esfuerzo.

A continuación, reúna todos los suministros de limpieza necesarios. Algunos clientes traen sus productos de limpieza, mientras que otros quieren que usted lo haga. En cualquier caso, es preferible tener todas las bases cubiertas. Además, asegúrese de tener acceso al transporte.

Una vez que esté preparado para lanzar su empresa de limpieza profesional, puede empezar a comercializar sus servicios. Una de las mejores maneras de empezar es utilizar su red de contactos. Pregunte a sus conocidos si están interesados en sus servicios. Puede ofrecerles precios más baratos y pedirles que le recomienden a sus otros conocidos. Al final, el boca a boca es un tremendo instrumento de marketing.

Para ampliar su audiencia, necesitará acceso a Internet y un ordenador. Comercializar sus servicios de limpieza profesional en línea es una estrategia fantástica para llegar directamente a los clientes y facilitarles el contacto. Internet está repleto de demandas que puede satisfacer, por lo que no tendrá que realizar un trabajo de marketing adicional una vez que haya corrido la voz.

La desventaja de la publicidad en Internet es que puede recibir consumidores en regiones remotas, a las que tal vez no esté dispuesto a ir en coche. En consecuencia, si desea mantener su negocio en el ámbito local, al menos por el momento, puede emplear estrategias de marketing más convencionales, como la impresión de folletos y tarjetas de visita. Si está dispuesto a gastar un poco de dinero, puede anunciarse en el periódico local.

A medida que su clientela se amplíe, puede considerar la posibilidad de incorporar un socio a su empresa de limpieza profesional. Un compañero agilizará el proceso de limpieza y le permitirá programar más clientes. Tener un compañero también aumenta su seguridad.

Al fin y al cabo, cuando se pasa una cantidad razonable de tiempo en la casa de un desconocido, siempre existe la posibilidad de que surjan situaciones perjudiciales. Siempre debe tener un teléfono móvil por si no encuentra a alguien que le ayude.

Los servicios de limpieza son un excelente negocio de fin de semana para emprender. La mayoría de las personas que trabajan toda la semana odian limpiar y recoger sus casas. En este caso, puedes ganar un dinero extra realizando pequeñas tareas como la colada y servicios básicos de limpieza. Puedes cobrar por horas o proporcionar servicios de limpieza semanales en paquetes.

Por ejemplo, puedes cobrar $xx por hora por servicios de limpieza de casas. Puedes cobrar por adelantado si el cliente se compromete a realizar cuatro servicios de limpieza mensuales. Además, puedes recibir una comisión por servicios básicos de mantenimiento si la casa que limpias también necesita servicios como el lavado de alfombras o la fontanería.

6. Servicios de pintura residencial.

Una de las ventajas de dirigir una empresa de pintura es la flexibilidad que puede proporcionar. Es factible trabajar sólo tres o cuatro días a la semana y ganar entre 50.000 y 600.000 dólares al año, dado el alto potencial de ingresos.

Pintar casas es uno de los pocos negocios a prueba de recesión que puede poner la seguridad financiera al alcance de muchas personas. No hay requisitos de escolaridad formal, y sólo se requieren habilidades fundamentales de pintura y de negocios para tener éxito. (La mayoría de las cuales se pueden aprender con el curso de estudio en casa adecuado sobre el desarrollo de un negocio de pintura).

Normalmente, un pintor a domicilio necesita un trabajo físico relativamente mínimo, que puede ser realizado por hombres, mujeres y personas de cualquier edad. La pintura puede emplearse como fuente de ingresos a tiempo completo o parcial.

Además de la posibilidad de obtener rápidamente unos ingresos profesionales, ser propietario de un negocio de pintura proporciona la satisfacción y el orgullo de ser autónomo e independiente. Por no hablar de la alegría instantánea que recibes cada vez que terminas un trabajo, añades otro cliente encantado a tu lista y depositas un cheque abultado en tu cuenta bancaria, cada vez más grande. Es un trabajo agradable.

Dedique algún tiempo a adquirir información de fuentes fiables sobre la promoción de su negocio de pintura y la licitación y estimación de proyectos de pintura, o lo que yo llamo el "lado comercial" del negocio de la pintura.

Los nuevos propietarios de negocios de pintura me preguntan con frecuencia: "¿Qué tipo de trabajos debo buscar?". Se trata de una pregunta relacionada con el marketing. Mi respuesta es siempre la misma. Empiece por buscar proyectos de pintura para el hogar. Son abundantes y son las tareas más sencillas de pintar, ofreciendo enormes márgenes de beneficio y pocos gastos generales.

El mercado de repintado residencial es insaciable; hay suficiente trabajo en esta sección de la industria de la pintura para mantener a los pintores ocupados y rentables de por vida.

Otra increíble ventaja que hace atractivo el inicio de un negocio de pintura es que no se necesita una inversión inicial significativa. Uno de los mitos más extendidos sobre la expansión de un lucrativo negocio de pintura es que hay que invertir miles de dólares en publicidad para conseguir clientes.

Usted puede construir un floreciente negocio de pintura basado únicamente en referencias sin apenas promoción tradicional. Esto no es cierto, especialmente si se centra en los retoques residenciales. Incluso alguien que empieza desde cero puede poner en marcha su negocio de pintura y producir dinero en siete días o menos con un presupuesto tan bajo como 250,00 dólares con algunos procedimientos sencillos.

Estas son algunas de las razones por las que establecer un negocio de pintura despierta el interés de tantas personas y por las que constantemente se encuentra entre los mejores pequeños negocios para lanzar.

Si tiene una brocha y un fin de semana libre, puede iniciar un servicio de pintura de casas para personas mayores o agentes inmobiliarios que deseen arreglar las casas de sus clientes antes de venderlas. Nunca te das cuenta de la autoridad que puedes tener con sólo repintar una habitación.

Se trata de una empresa sencilla pero eficaz que puedes poner en marcha publicando folletos en tu vecindario o poniéndote en contacto con agentes inmobiliarios cuya información de contacto puede estar publicada junto a sus propiedades en venta si necesitan pintores para arreglar su propiedad antes de presentarla a posibles compradores.

7. Servicios de paseo de perros.

Un negocio de paseo de perros puede ser una forma agradable y lucrativa de ganar dinero en casa. Un paseador de perros profesional pasea regularmente a los perros de los clientes, solo o en grupo. La demanda de estos servicios es cada vez mayor porque muchas familias tienen horarios muy apretados y no pueden ejercitar a sus perros porque están fuera todo el día. El ejercicio es crucial para el cuidado adecuado de las mascotas, y muchos propietarios de mascotas confían en la ayuda de los paseadores de perros.

Iniciar un negocio de paseo de perros tiene muchas ventajas. El afecto genuino por los perros y la resistencia física para pasearlos son las únicas habilidades requeridas. El compromiso y la fiabilidad con el régimen de paseo de perros son cruciales. Puede encontrar mucha información sobre el cuidado y el comportamiento de los perros en libros o en sitios web relacionados disponibles en su biblioteca local.

Los gastos iniciales son modestos. Es posible que tenga que adquirir muchas correas, recogedores de excrementos y bolsas de alta calidad. Suele recomendarse la contratación de un seguro de responsabilidad civil. Además, puede mantener su salud y su forma física mientras gana dinero. Con un servicio de paseo de perros, sus costes operativos serán bajos y el potencial de beneficios es alto.

Antes de iniciar este negocio en casa, debe organizar algunos detalles. Debe planificar sus itinerarios y paseos diarios. Determine los mejores lugares para pasear a los perros y trace itinerarios de treinta minutos. Debe establecer sus tarifas. Averigüe lo que cobran otras empresas de paseos de perros de su zona por sus servicios.

Elija el tipo de paseos de perros que ofrecerá, como paseos privados o en grupo, el número de paseos por semana, etc. Si está empezando, puede adquirir la experiencia pertinente ofreciéndose como voluntario para pasear perros en refugios de animales locales y organizaciones de rescate de perros. Esto le ofrecerá experiencia en el manejo de una variedad de perros y le dará la confianza y la credibilidad necesarias para obtener trabajos de paseador de perros que sean remunerados.

Encontrar trabajos de paseador de perros con un pequeño presupuesto de marketing y publicidad es posible. Diseñar e imprimir folletos llamativos e informativos es un método rentable para anunciar sus servicios para mascotas. Distribuya estos folletos por su comunidad para atraer a nuevos clientes.

Coloque carteles en edificios de oficinas y comunidades de jubilados para llegar a los ocupados profesionales y personas mayores que probablemente contraten a un paseador de perros. Los propietarios de mascotas que están de vacaciones suelen necesitar los servicios de un paseador de perros. Coloque sus folletos en los tablones de anuncios de la comunidad.

Los consultorios veterinarios, los servicios de peluquería de mascotas y las tiendas de artículos para mascotas son otros lugares útiles para colocar los folletos. Si ofrece un servicio excelente y fiable, se sorprenderá del número de recomendaciones que recibirá tras conseguir sus primeros clientes.

Este es un buen lugar para trabajar si le gustan los perros y es puntual. Puede empezar colgando carteles en el tablón de anuncios de la comunidad o pidiendo referencias a vecinos y amigos. Por ejemplo, si paseas a un perro por $x, puedes preguntar si los dueños te permitirían pasear a su otro perro simultáneamente.

De este modo, puede duplicar rápidamente sus ingresos. Puede añadir fuentes de ingresos adicionales a este negocio obteniendo referencias de servicios de cuidado de mascotas o escribiendo artículos para revistas dirigidas a propietarios de mascotas por un precio simbólico.

El primer paso para tener un negocio exitoso es pasar a la acción y empezar. Este fin de semana te hemos dado cinco ideas para estimular tu interés y ponerte en marcha.

8. Negocio de las máquinas expendedoras.

¡Ah! ¡El negocio de las máquinas expendedoras! ¿Qué es lo que atrae a los particulares? Ciertamente, hay que ganar dinero, y el hecho de que sea un negocio que sólo se paga en efectivo lo hace mucho más atractivo. Quiero decir que no se envían facturas a las empresas. Basta con rellenar las máquinas y retirar el dinero en efectivo.

Hay que tener en cuenta algunas consideraciones antes de lanzarse, aunque suene y sea, de hecho, fantástico. Una cosa que hay que recordar es que se trata de un negocio que requiere cierto esfuerzo y habilidad.

El trabajo y la experiencia van de la mano. Es sencillo rellenar una máquina de refrescos. Después de hacerlo unas cuantas veces, se convierte en algo sencillo, pero ¿qué pasa con la identificación de lugares para la colocación de la máquina expendedora?

¡Este es el aspecto de la habilidad al que me refería! Se necesita paciencia y perseverancia para localizar los lugares y concretar la venta. Hay un procedimiento que se produce desde el momento en que se conoce o se contacta con el cliente potencial hasta el momento en que se instalan las máquinas.

Esta transformación no se produce de la noche a la mañana. Puede llevar una semana o muchos meses. Depende sobre todo del plazo en el que sus clientes potenciales pretendan desplegar sus máquinas expendedoras.

Pero si se adhiere a su cliente potencial como si fuera pegamento, continúa haciendo un seguimiento de él y se asegura de que tiene la información que necesita de usted, cerrará más ventas de las que puede imaginar!

¿Puedes encontrar una solución a su dilema?

¿Puede hacer algo diferente a los demás? Antes de comprar una máquina expendedora, realice una investigación esencial. Te evitarás muchos dolores de cabeza en el camino.

Este negocio puede ayudarte a conseguir la independencia si empiezas correctamente. Así que lea todo lo que pueda y realice la mayor investigación posible antes de lanzarse de cabeza.

Algunas personas han sido víctimas de estafadores que desean ofrecerle máquinas sobrevaloradas y quitarle el dinero que tanto le ha costado ganar. No se deje engañar.

Encuentre un distribuidor de confianza de máquinas expendedoras en su área y compre de ellos antes de comprar unidades en un seminario. Comience construyendo una máquina a la vez y aprendiendo sobre la marcha.

Si no está comprando una ruta de vending establecida, desarrollar su negocio le llevará algún tiempo.

¿Y si le dijera que si persiste y se dedica a expandir su negocio de vending una máquina a la vez, podría ganar más de lo que gana en su trabajo a tiempo completo?

Permítame compartir una pequeña historia.

Estaba empleado como conductor de autobús urbano a tiempo completo cuando entré en esta industria. Mientras hacía la transición a un nuevo campo de trabajo, un compañero de trabajo me pidió que asumiera la responsabilidad de recargar la máquina de refrescos de la oficina.

Enseguida me di cuenta de que ganaba entre 75 y 100 dólares a la semana vendiendo unas cuantas cajas de refrescos de forma constante. Esto despertó mi interés. Por lo tanto, me puse en contacto con un distribuidor de máquinas expendedoras que podía venderme máquinas.

Aquí es donde todo comenzó para mí cuando empecé a trabajar a tiempo parcial. Fui de negocio en negocio, llamando a las puertas y solicitando permiso para instalar una máquina de refrescos.

Como ya tenemos máquinas, debo admitir que recibí algunas respuestas negativas. Sin embargo, y esto es un gran "pero", algunos individuos en el camino respondieron que sí. Así que, a medida que me desplazaba de un lugar a otro, fui ampliando gradualmente mi negocio, máquina a máquina.

A medida que se corrió la voz de que estaba en el negocio, empecé a recibir referencias a lo largo del camino. Entonces empecé a llevar mi negocio al siguiente nivel reinvirtiendo mis beneficios y haciendo publicidad a mi público objetivo.

¡Fue entonces cuando las cosas empezaron a tomar forma! Cuando usted puede comercializar a su prospecto, para que ellos lo contacten primero, usted cerrará más transacciones, obtendrá más negocios y ganará más dinero.

Entonces, ¿cómo logré esto?

Con trabajo duro, perseverancia y una mentalidad de "no voy a renunciar", fui capaz de lograrlo. Te diré que estudiar e investigar esta empresa de antemano me ayudó a tener éxito.

9. eBay y Craigslist.

Al principio, eBay y Craigslist eran excelentes recursos para obtener ingresos instantáneos. Más de tres millones de personas confían en eBay como su principal fuente de ingresos y su principal suministro de mercancías. Algunos individuos ganan dinero extra comprando cosas en estos sitios web y revendiéndolas a un precio mayor. ¿Por qué no ibas a investigar esta opción?

¡Un sitio web es también un cajero automático! En enero, vi este esfuerzo como "fuera de mi alcance". ¡Estaba muy equivocado! ¡Cualquiera puede hacer un sitio web y empezar a ganar dinero en cuestión de horas! Este concepto no debe intimidarle. Es fácil construir su sitio web.

Finalmente, si no te gusta desarrollar tu sitio web, ¡muchos individuos están preparados para pagarte por comercializar el suyo! Si no lo sabes, utiliza cualquier motor de búsqueda para buscar "marketing de afiliación" para saber más. Este negocio puede hacer hasta mil dólares semanales sin gastos de inicio. El secreto es descubrir un programa que pague en función de un porcentaje de las ventas.

Hay algunos esquemas que pagan poco, pero también programas que pagan muchos cientos de dólares por cada venta. Antes de inscribirse en cualquier programa de afiliados, sólo tiene que examinar la estructura de compensación y determinar si vale la pena promover. Esto le dará la oportunidad de construir el negocio de alta rentabilidad que desea. Dedique un día a investigar esta posibilidad.

10. El intercambio se une al marketing.

En ciudades y pueblos de todo el país se organizan periódicamente mercadillos y reuniones de intercambio que atraen a cientos, si no miles, de cazadores de gangas.

Pueden celebrarse en el autocine local, en enormes aparcamientos, almacenes, parques o centros comunitarios, en cualquier lugar con espacio suficiente para montar puestos y atraer al público.

La mayoría de las veces, estos certámenes se celebran los fines de semana, aunque en otras regiones pueden empezar el jueves y durar cuatro días. Las reuniones de intercambio y los mercadillos son entretenidos, lucrativos y una forma estupenda de establecer un negocio. Muchas personas que empezaron con las ventas en los Swap Meet han llegado a crear tiendas de regalos o empresas de venta por correo de considerable envergadura.

Según el equipo de FAR HORIZONS Business Coaching, existen tres variedades únicas de encuentros de intercambio.

Nota: (En aras de la simplicidad, a partir de este momento, cuando nos referimos a "Swap Meets", también nos referimos a los mercados de pulgas, ferias de artesanía y eventos similares, como se explica a continuación.)

1. Intercambios al aire libre.

En cuanto a las mercancías, suelen ser diversas. Se puede descubrir cualquier cosa, desde sistemas estéreo de alta gama hasta joyas de diseño, pasando por familias que limpian el garaje de la tía Emma de viejas herramientas, juguetes y otras piezas. Normalmente, estos eventos atraen a personas que buscan importantes descuentos y ofertas.

2. Centros comerciales" de interior."

Suelen atraer a un tipo de comercializador más experimentado. Las exposiciones suelen tener un aspecto más ordenado y la calidad de la mercancía suele ser mayor en todo el evento. Puede haber stands en lugar de mesas, y cada comercializador prefiere especializarse en determinadas áreas de productos.

3. Ferias de artesanía.

Pueden celebrarse en el interior o al aire libre, como parte de un carnaval local o en parques, eventos para recaudar fondos, ferias del condado u otros eventos de naturaleza similar. Por lo general, los vendedores exponen sus artículos en casetas y, según la región, se trata de una feria de productos. Las opciones pueden ir desde lo casero hasta lo caro (o lo casero y lo caro).

No olvide esto cuando prepare su equipaje para la reunión de intercambio.

A lo largo de los años, docenas de vendedores de Swap Meet con éxito nos han dicho que las dos cosas más esenciales que puedes llevar son:

1. Una disposición optimista.

2. Una disposición para negociar y "jugar el juego".

Un miembro comenta: "La gente viene a los Swap Meets esperando un trato y va porque es agradable. Por eso mantengo una actitud positiva y siempre estoy dispuesto a negociar.

Tengo en mente un precio mínimo y nunca bajo de él, pero siempre estoy dispuesta a negociar un poco sobre el precio original. Así, mi comprador queda satisfecho con la compra y yo mantengo un buen margen de beneficios. Ambos nos beneficiamos".

Independientemente del tipo de Swap Meet que decida organizar inicialmente. Debe realizar algunos pasos sencillos y fundamentales antes, durante y después del evento.

Empecemos por. Este es el comienzo!

AQUÍ HAY ALGUNAS COSAS QUE HAY QUE HACER ANTES DE EMPEZAR.

1. Si aún no lo sabes, averigua dónde se encuentran las ferias de intercambio locales. Esto no debería ser demasiado difícil, ya que se anuncian en los periódicos locales y en las publicaciones gratuitas de los estantes de las tiendas. Puede que los encuentros más pequeños no se anuncien, pero deberías poder encontrarlos contactando con los autocines cercanos o rebuscando en la guía telefónica.

2. A continuación, explore personalmente la competición. Observe las mesas y los puestos desde la perspectiva de un vendedor. ¿Qué tienen los comerciantes? Y lo que es más importante, ¿qué no tienen? ¿Cuáles son sus precios?

3. Reserve una mesa (o un stand, según el caso). Póngase en contacto con el director de la feria, que le proporcionará información sobre los precios y

una lista de las normas y restricciones que debe cumplir para comercializar en la feria.

Dependiendo de la feria, el coste de alquilar un espacio en un Swap Meet varía desde unos pocos dólares por día hasta mucho más. Intente empezar en una reunión de bajo coste y con buena asistencia para minimizar su desembolso financiero inicial.

4. Seleccione sus artículos deseados. El personal de Business Coaching de FAR HORIZONS suele sugerir que se comience con mercancías por valor de 450 a 750 dólares (lo que significa su coste real).

5. Prepare sus otros suministros.

Dependiendo del evento, puede ser necesario llevar todo o alguno de los siguientes elementos:

1. Un mínimo de una mesa plegable.

2. Una caja que contenga dólares y cambio.

3. Sillas plegables

4. Un mantel impoluto.

5. Una enorme sombrilla, lona u otro tipo de protección solar para tus clientes (y para ti).

6. Algún plástico transparente para proteger sus artículos de las precipitaciones (obviamente, esto se aplica a las reuniones al aire libre).

7. Una lista de precios en amarillo para que puedas determinar la línea de fondo cuando llegue el momento de negociar.

8. Muchas tarjetas de visita.

9. Algunos catálogos, folletos, volantes de novedades u otros materiales promocionales para ayudar a aumentar las ventas.

10. Un libro de pedidos de clientes que le permita escribir recibos y registrar los nombres, direcciones y números de teléfono de los clientes.

11. Una calculadora.

12. Un sello de goma para endosar cheques.

IMPORTANTE.

Haga todo lo posible por recopilar la mayor cantidad de información posible sobre cada consumidor. Además del nombre, la dirección y el número de teléfono, intente obtener la dirección de correo electrónico, el número de fax y los datos de la tarjeta de crédito del cliente, siempre que tenga una cuenta comercial.

LLEGA EL GRAN DÍA.

Si estás bien preparado, el día de la competición debería ir bastante bien. Tendrás mucho trabajo, pero también te divertirás, sobre todo cuando empieces a vender y a ganar dinero!

Esto es lo que debes hacer en tu primer día en una feria de intercambio:

1. Apaga el despertador, despierta, dúchate y ponte en marcha (hemos dicho que esto es una instrucción paso a paso, ¿verdad?).

2. Cuando llegues a la reunión, localiza tu lugar y colócalo. En el vídeo del programa se ofrecen ejemplos de la colocación correcta e incorrecta. Ensaya tu montaje en casa para planificar la exposición más atractiva visualmente antes de llegar a la convención.

3. Determine el precio mínimo aceptable para cada artículo. Nuestro personal de Business Coaching sugiere 1,5 veces su coste como una buena regla general.

4. Prepárese para aceptar cheques. Verifique la dirección y el número de teléfono actuales y, si es posible, incluya un número de licencia de conducir o de identificación en el cheque. Muchos consumidores prefieren este método de pago, y los vendedores informan de un número insignificante de cheques "sin fondos".

5. Debe registrarse el nombre, el número de teléfono, el número de fax y la dirección de correo electrónico de cada cliente (el mayor número posible).

6. Puede necesitar un socio que le ayude a llevar la caja registradora mientras usted se encarga de las ventas.

Hay algunas tareas esenciales que hay que realizar después de que termine un Swap Meet y antes de que comience el siguiente.

1. Cree su lista de correo añadiendo todos los nombres de consumidores recogidos a su lista de correo. Estos se convertirán en un elemento integral de sus actividades de marketing de seguimiento con el tiempo.

2. En función del tamaño de su lista, tendrá que empezar a enviar correos de seguimiento a sus clientes.

Esto cubre los fundamentos del marketing de Swap Meet, pero lo más importante es disfrutar. A muchos vendedores les gusta involucrar a sus familias (incluidos sus hijos) y pasar un tiempo valioso trabajando por un objetivo común los fines de semana.

El marketing de Swap Meet es entretenido, gratificante y puede lograrse con sólo unas pocas horas semanales de esfuerzo. Un puñado de vendedores mezcla el negocio con la diversión viajando de Swap Meet en Swap Meet por todo el país. Utilizan los beneficios de cada fin de semana para financiar sus viajes y comprar otros productos para la siguiente reunión!

11. Niñera.

Como madre, todo el mundo necesita un día alejado de sus hijos y de las exigencias de la vida diaria; por lo tanto, puedes aprovechar el deseo de otras madres de pasar tiempo a solas. No creas ni por un segundo que estás sola, porque no lo estás. Muchas madres no soportan a sus hijos; si esto te describe, puedes ser justo lo que están buscando.

Hacer de canguro en un centro comercial puede ser tan entretenido como lucrativo. A veces, los ocupados compradores se cansan de arrastrar a sus hijos de tienda en tienda. Y a veces, todo lo que los niños desean es una breve siesta.

Si tiene experiencia como canguro o ha gestionado una guardería, puede divertirse y ganar dinero fácilmente cuidando de los niños mientras sus padres compran en el centro comercial. Lo único que tienes que hacer es acercarte a los servicios del centro comercial; casi siempre hay tiendas vacías y el centro comercial cuenta con una excelente seguridad.

La tienda puede instalar fácilmente monitores para garantizar la seguridad de los niños. También pueden organizar la presencia de un agente de seguridad. Estarán encantados de poder persuadir a los padres para que compren, y tú te lo pasarás bien y ganarás dinero fácil vigilando a los niños.

Los niños están cansados de que los lleven a la tienda, tienen hambre y están irritables. Un lugar seguro para que los padres dejen a sus hijos mientras compran sería una comodidad maravillosa.

Produzca una copia. Cuando los padres dejen a sus hijos, haga una copia de su carné de conducir y, cuando vuelvan a recogerlos, pídales que presenten el original. Esto le protegerá a usted y al centro comercial.

Si el centro comercial instala cámaras en la tienda, nadie podrá acusarle de haber actuado mal. Los niños tienen un agradable respiro. Y tú ganas dinero mientras te diviertes.

Prueba lo que he hecho si necesitas dinero inmediatamente o en una hora. Hoy estoy ganando más dinero que en mi anterior negocio, y tú también puedes hacerlo si haces clic en el siguiente enlace y lees la increíble historia real. Yo sospeché sólo diez segundos después de unirme antes de saber qué era esto. Usted también estará radiante de oreja a oreja, como lo estaba yo.

12. Vender la cena.

Esto puede requerir un permiso, pero no es un gran problema. Todas las madres saben que el fin de semana es su tiempo libre para cocinar; por lo tanto, debes preparar y entregar las comidas a las familias que tienes alineadas.

En un fin de semana normal, puedes ganar muchos cientos de dólares de beneficio, y lo mejor es que no tienes que salir de tu casa más que para la parte de la entrega.

13. Encuesta pagada.

Un trabajo online de fin de semana puede ayudarte a ganar 200 dólares o más sin salir de casa. El aspecto más agradable es que no hay ningún procedimiento de entrevista ni ninguna tontería por el estilo. Simplemente trabajas todo lo que quieras, y el dinero que ganes se transfiere a tu cuenta tan pronto como el trabajo esté completo.

Muchas personas que han descubierto que disfrutan del dinero extra de un trabajo de fin de semana en línea descubren que ganan más que en su empleo habitual. Con sólo un par de horas en el fin de semana, ganar otros 250 dólares o más es factible. Si haces esto constantemente los sábados y domingos, tendrás un extra de 2.000 dólares a final de mes para ayudar a pagar las facturas o disfrutar.

Sin embargo, debes tener cuidado con los negocios que intentan convencerte de que pagues dinero para ganar dinero. No te dejes engañar por esto. Los sitios web de trabajos de fin de semana legítimos no cobran una cuota. Deben compensarte.

Los sitios de encuestas pagadas se encuentran entre los sitios de trabajos de fin de semana en línea más flexibles y populares. Muchas empresas e industrias siempre intentan obtener la opinión de los clientes, pero es demasiado costoso llevar a cabo extensas iniciativas de investigación de mercado. Por lo tanto, pagan a las personas entre 5 y 50 dólares por realizar una encuesta en Internet.

Como sólo se tarda de 5 a 15 minutos en completarlas, es sencillo completar un gran número de encuestas en un solo día, por lo que la gente puede ganar más de 250 dólares al día simplemente por compartir su opinión.

Registrarse en un sitio de encuestas pagadas gratuito, buscar en la base de datos las encuestas mejor pagadas y completar el formulario son los únicos requisitos. Una vez que haga clic en el botón de envío, sus ganancias serán transferidas inmediatamente a su cuenta bancaria o a su cuenta de PayPal.

14. Vender espacio para publicidad en su blog.

Si tienes un sitio web o un blog, puedes ganar otro dinero vendiendo espacios publicitarios en él. Este fin de semana, puedes solicitar a muchas redes de publicidad en Internet que coloquen sus anuncios en tu sitio web.

Google AdSense es una de las redes publicitarias más destacadas. Después de presentar una solicitud y de que tu sitio web sea aprobado, recibirás un código que deberás copiar y pegar para mostrar anuncios de contenido relevante.

Ganará dinero cuando un visitante haga clic en un anuncio. Otras redes publicitarias a las que puedes aplicar son Chitika y TextLinkAds. Basta con realizar una búsqueda en Google para encontrar más redes publicitarias.

Además, si ya distribuye regularmente un boletín informativo a sus lectores, puede obtener otros ingresos vendiendo patrocinios o espacios publicitarios en sus boletines. Por ejemplo, si sus boletines tratan sobre el adiestramiento de perros, puede dirigirse a una tienda de mascotas local u online para que le patrocine a cambio de un anuncio en su boletín.

15. Marketing de afiliación.

¿Te has preguntado alguna vez cómo ganar dinero rápidamente utilizando el marketing de afiliación? Hoy es el momento de hacerlo. En este ensayo, definiré el marketing de afiliación y explicaré cómo obtener el máximo dinero de él.

Después de aprender mis estrategias secretas y entender cómo ganar dinero con el marketing de afiliación, puedo garantizar que nunca más buscarás un trabajo regular. Porque ser un afiliado es muy ventajoso, y usted puede seleccionar cuándo trabajar y cuándo tomarse días libres.

Imagina que trabajas cuatro horas al día, como yo, utilizando un ordenador y una conexión a Internet. Puedes trabajar desde cualquier lugar del mundo!

¿Cómo funciona este programa de afiliación?

Como afiliado, usted es esencialmente el propietario del negocio, pero no está obligado a desarrollar, almacenar o enviar ningún producto. La empresa que suministra el programa de afiliación se encarga de todo lo demás. Ni siquiera tiene que preocuparse por el servicio de atención al cliente, ya que toda red sólida ya lo tiene.

Por lo tanto, su única responsabilidad es hacer que los visitantes se dirijan a las ofertas de los afiliados. Si ha intentado hacer marketing en Internet, le resultará bastante sencillo. No es particularmente difícil.

Puede realizar esta acción si alguna vez ha recomendado algo a un amigo, quizás un restaurante o una película para ver. La única diferencia es que usted será compensado por cada referencia que haga.

Para ganar dinero como afiliado hay que seguir unos sencillos pasos:

Primero debe elegir el producto que desea promocionar. Después, debes desarrollar una oferta. Empieza con herramientas de publicación web gratuitas como Squidoo o Blogger. Son muy fáciles de usar y se posicionan muy bien en los motores de búsqueda.

Una vez que haya terminado, puede empezar a promocionar su página Squidoo utilizando el marketing de artículos, el marketing de vídeos, los marcadores sociales y otras técnicas.

Una vez que estas estrategias de promoción se ponen en marcha en línea, usted puede anticipar una cierta cantidad de tráfico a sus sitios web de oferta gratuita. Ahora es el momento de relajarse y dejar que Internet haga algo de dinero para usted.

Creo que no hay nada más sencillo de aprender que generar ingresos con el marketing de afiliación. Por lo tanto, no tienes nada que perder al intentar el esfuerzo.

Muchas organizaciones enormes están ansiosas por escribir cheques sustanciales a las personas que promueven con éxito sus productos o servicios. Si usted ha utilizado o comprado artículos o servicios de Internet antes y puede dar testimonio de su calidad, puede ganar un ingreso sustancial en línea.

Usted recibe una compensación cuando la gente hace clic en sus enlaces y realiza una compra. La autora Rosalind Gardner es una de las exitosas comercializadoras afiliadas que se pasó al negocio de Internet a tiempo completo. Su libro, "Make a Fortune Promoting Other People's Stuff Online", se titula "Make Huge Income Promoting Other People's Stuff Online". Ella gana constantemente seis cifras en línea desde su casa.

16. Subasta en línea.

Puedes subastar artículos que hayas hecho tú mismo, como velas de Navidad o jabones caseros. Otros artículos que puedes revender en línea para obtener un beneficio incluyen artículos baratos para añadir valor. Por ejemplo, si ha localizado papel de origami barato, puede incluir un libro electrónico sobre diseños de origami y subastar el papel y el libro electrónico en sitios como eBay.

Si tiene éxito como subastador, puede funcionar como "ayuda comercial" para otros que deseen vender sus sitios. De esta manera, usted puede ganar otros ingresos en línea, además de sus ganancias de la subasta.

Empezar un negocio de fin de semana no interfiere con el estilo de vida de la mayoría de las personas y puede llevar a mayores ganancias en el futuro. Además de aumentar sus ingresos, puede adquirir habilidades empresariales vitales a través de un negocio de fin de semana.

17. Autónomos.

Empresas de todo tipo necesitan redactores, pero a menudo prefieren subcontratar el trabajo en lugar de pagar los elevados costes asociados a la contratación de personal a tiempo completo. Internet es un recurso excelente para encontrar este tipo de trabajo.

Lo curioso es que no hace falta ser un escritor experto. Si puedes escribir frases coherentes y realizar un poco de investigación, a menudo puedes completar un proyecto de escritura freelance sin dificultad si posees estas habilidades. ¿Tienes algo de experiencia en escritura o diversión? Aún mejor.

Independientemente de tu nivel de habilidad, existen opciones de empleo de fin de semana. Realiza una búsqueda en línea de "trabajos de escritura freelance".

18. Reciba dinero en efectivo por sus aparatos electrónicos.

Elimine todos sus teléfonos móviles, cámaras digitales, ordenadores portátiles, reproductores de MP3, películas y videocámaras obsoletas. Los quiere una empresa llamada Gazelle, que incluso pagará el envío.

Descubrí un hecho sorprendente en su sitio web: pagan a sus clientes un promedio de 115 dólares. Se trata de un magnífico bono de fin de semana en efectivo por el tiempo que tardan en encontrar y empaquetar sus pertenencias.

19. Trabajar en el sector de la reparación de automóviles.

El detallado de automóviles puede ser el trabajo de fin de semana perfecto para usted si quiere ganar otro dinero los fines de semana y le gusta trabajar en los automóviles.

Poner en marcha un negocio de detallado de automóviles puede ser relativamente asequible y también lucrativo. Puede tener un empleo secundario fiable y constante con sólo unos pocos clientes que paguen con frecuencia. Si le gusta trabajar en los automóviles, no puede considerar esta actividad como un "trabajo".

Debe informarse sobre el tema si no está familiarizado con el trabajo de detalle. Visite su librería o biblioteca local y consulte algunos manuales de detallado de automóviles o inscríbase en una clase; puede buscar en Internet universidades.

20. Escultura de tartas.

Empezar tu negocio de decoración de pasteles puede ser muy divertido si sabes hornear y eres creativo. Si tienes un toque creativo, atraerás a clientes que quieran tus pasteles únicos (que no pueden conseguir en ningún otro sitio). La gente tiende a gastar más dinero en otros que en sí misma, y las cosas distintivas que pueden disfrutar muchas personas suelen generar más ingresos.

21. Fotografía de animales.

La fotografía es una industria lucrativa, y la fotografía de mascotas es una especialidad que elimina una cantidad considerable de competencia. Si tienes algunas habilidades con la cámara y un poco de imaginación, puedes asombrarte del éxito de este "pequeño concepto de negocio". Hace poco leí un artículo sobre un exitoso fotógrafo de "nicho" que fotografiaba exclusivamente a bebés dormidos.

Crea un sitio web sencillo y sube ejemplos de tu trabajo de "fotografía de mascotas" para que los clientes potenciales puedan ver lo que haces. Recuerda que los dueños de mascotas las adoran;

tener una instantánea de una mascota con su dueño es maravilloso. Se podría crear un regalo de cumpleaños único, tarjetas de Navidad e incluso un calendario fotográfico de mascotas.

22. Cosas hechas a medida.

Hay tiendas de Internet en las que puedes ofrecer cosas hechas a medida. Ellos proporcionan los productos, mientras que usted aporta el diseño. No es necesario comprar los productos por adelantado ni pagar por un sitio web.

Los clientes visitan estos sitios web (como Cafe Press) para comprar los productos. Cuando un comprador encarga un producto con tu diseño, la empresa lo distribuye al cliente y te da un porcentaje de los beneficios.

Ten cuidado de que tu trabajo de fin de semana no se convierta en algo demasiado lucrativo. Puedes necesitar dejar tu trabajo y montar un negocio haciendo lo que te gusta.

23. Tutoría.

Con la actual coyuntura económica, muchas personas tienen dificultades para llegar a fin de mes. Para poder permitirse los bienes que necesitamos, muchos de nosotros debemos adquirir un segundo trabajo o un trabajo de fin de semana, aunque estemos empleados. Hay ocupaciones sencillas de fin de semana a tiempo parcial que cualquiera puede realizar. En esta página se describen algunas oportunidades de empleo accesibles.

La recaudación de fondos para una organización sin ánimo de lucro es un empleo a tiempo parcial que merece la pena y está bien pagado. Las personas con grandes habilidades de comunicación y marketing pueden empezar a trabajar como recaudadores de fondos a tiempo parcial. Se puede ganar dinero a la vez que se ayuda a los necesitados. El objetivo principal en este caso es solicitar contribuciones benéficas a los particulares.

Un negocio de tutoría es otra excelente opción para ganar dinero extra. Este empleo a tiempo parcial tiene la ventaja de que es sencillo conseguir clientes. Puede dirigirse a la escuela local o preguntar a los padres si permitirían que su hijo recibiera clases particulares de una determinada materia.

Al cabo de un tiempo, conseguirá otros consumidores porque los padres y los niños no avisarán a otros que necesiten su servicio. Por lo tanto, no necesitará hacer publicidad si su rendimiento es bueno.

No es necesario salir de casa. Las actividades en línea por las que te compensan son otra excelente opción para ganar dinero los fines de semana. Una de las más populares en este ámbito son las encuestas remuneradas.

Después de registrarse, puede conectarse al sitio de encuestas para completarlas. Esta sencilla tarea la puedes realizar por las tardes después de tu trabajo de 9 a 5, permitiéndote ganar más dinero. Puedes ganar un dinero extra considerable cada mes dependiendo de tu tiempo de inversión.

24. Detallado de vehículos.

Este tipo de trabajo es probablemente el más fácil y flexible para ti. Se ha clasificado como un trabajo con una remuneración suficiente que se gana aproximadamente 250 dólares por coche (unas 4 horas).

Empiezas colocando panfletos debajo de los limpiaparabrisas de automóviles sucios pero considerados caros. Además, si necesita un cepillo nuevo, un cubo y trapos, puede emitir capital por menos de 50 dólares.

25. Conservación de propiedades comerciales.

Si te gusta trabajar en el exterior, este trabajo es ideal para ti. Muchas empresas importantes buscan empleados con esta experiencia. El salario de este puesto es bastante alto. Además de una remuneración razonable, también recibirás ejercicio gratuito y aire fresco.

26. Guardavidas.

La mayoría de los trabajos de fin de semana están muy mal pagados. Normalmente, los socorristas reciben una remuneración equivalente a la de un empleado civil normal de la ciudad o pueblo donde trabajan, que es superior al salario mínimo. Imagina lo fantástico que será tu físico. Puedes aprender si no sabes nadar.

Si siempre has querido ser socorrista, decídete a convertirlo en tu fuente de ingresos secundaria si ya tienes un trabajo. El ejercicio será fantástico, tendrás acceso gratuito a las instalaciones y podrás pasar horas haciendo un trabajo que vale la pena y es gratificante. Si eres estudiante, la paga es excelente, y qué bien te vendrá esta referencia en tu currículum en el futuro.

27. Escenario de una banda o grupo de teatro.

Muchos establecimientos ofrecen una tarifa plana por cada compromiso, independientemente del número de horas o de la duración del fin de semana. Esto puede no gustar a un instructor de 40 años al que no le gusta la música rock, pero no toda la música es rock.

Supongamos que eres un niño y consigues convertirte en roadie de una banda de rock; ¡felicidades para ti! Algunas sinfonías recurren a un apoyo a tiempo parcial los fines de semana cuando sus titulares están libres. A veces, las compañías de teatro emplean ayudantes con la misma escala salarial.

28. Empezar un negocio de mantenimiento de coches.

La mayoría de los individuos poseen automóviles. Utiliza su activo ofreciéndote a lavar, aspirar y limpiar todo el vehículo. Puede cobrar más si combina los servicios (lavado, aspirado, limpieza de cristales, etc.).

29. Participar en una campaña de recogida de botellas.

Coge tu camioneta y recoge las botellas no deseadas puerta a puerta. Muchos individuos reciclan; sin embargo, a muchos les falta tiempo para transportar sus materiales reciclables al botellero. Ofrézcase a hacerlo por ellos y conserve los resultados para usted. Esto puede suponer una importante cantidad de dinero en productos reciclables.

30. Organizar una venta de garaje.

Ahora es la oportunidad ideal para vender artículos no deseados y eliminar el desorden. Basta con poner un anuncio en el periódico local, distribuir volantes y organizar la venta de garaje.

31. El Papel Prensa.

El reparto de periódicos es otra forma viable de ganar dinero extra durante el fin de semana. Puedes ganar un poco de dinero invirtiendo más tiempo y energía. Puedes ponerte en contacto con el distribuidor de periódicos de tu localidad para informarte sobre la disponibilidad de entregas en fin de semana.

32. Paisajista temporal.

Si tienes un don para la jardinería y el diseño y puedes refrescar el césped, un puesto como paisajista sería ideal para ti. La jardinería incluye la plantación de árboles y flores, la colocación de césped y el diseño de jardines.

33. Iniciar una pequeña empresa.

Puedes crear un pequeño negocio que funcione únicamente los fines de semana o a tiempo parcial. La empresa puede ir desde la elaboración de pasteles para ocasiones especiales hasta el lavado de ventanas. Los limpiacristales ganan un salario por hora. Para iniciar un negocio de lavado de ventanas, debe dirigirse a negocios que necesiten el servicio durante el fin de semana, como restaurantes y casas.

34. Utilice sus conocimientos técnicos.

Utilice su información de forma eficaz. ¿Eres un educador de matemáticas eficaz? Tienes la opción de convertirte en instructor de matemáticas. Puedes ofrecer tus servicios como editor o tutor si dominas el inglés. Haz que tus habilidades trabajen para ti.

Además de las posibilidades mencionadas anteriormente, puedes intentar algo creativo y entretenido para ganar dinero los fines de semana. Puedes organizar mercadillos en la iglesia o en la comunidad local o ayudar a montar ferias y centros comerciales de interior. Muchos compradores acuden a estas ferias, y seguro que encuentras algunos clientes devotos.

35. Alquiler privado de vacaciones.

Las vacaciones de lujo de larga duración están al alcance de las personas que pueden permitirse un alquiler vacacional privado. Dependiendo de la duración de su viaje, los inquilinos temporales suelen ocupar estas propiedades durante una o dos semanas.

Las casas están completamente amuebladas con mobiliario estándar, y las casas de vacaciones privadas suelen incluir jacuzzis o piscinas privadas y vistas excepcionales. Si posee propiedades que pueden convertirse en alquileres vacacionales, debería considerar la posibilidad de alquilarlas de forma privada.

En primer lugar, determine si sus propiedades cumplen los requisitos para el alquiler vacacional personal. Estas casas deben estar estratégicamente situadas cerca de centros comerciales, restaurantes y atracciones turísticas.

La proximidad de sus casas a campos de golf, playas, estaciones de esquí o la montaña será una ventaja adicional para la venta.

Determine si existe un mercado para las vacaciones categorizadas antes de iniciar el proceso de reforma. Es necesario que haya una gran demanda y una cantidad limitada de casas de vacaciones privadas en la zona que rodea a sus propiedades.

Obtenga la documentación legal imprescindible para las casas de vacaciones. Renueve y amueble sus casas para que sean lo más cómodas posible. Las casas de vacaciones privadas de lujo deben incluir una estufa, una chimenea y una piscina.

Incluya imágenes y una descripción detallada de sus propiedades en su anuncio. Incluya todas las actividades disponibles y los servicios públicos en el listado del barrio. Puede poner su anuncio en sitios web gratuitos en línea, utilizar empresas de alquiler o, si es necesario, crear su propio sitio web.

En este nivel, el software de alquiler vacacional es útil porque ayuda a gestionar las reservas y las propiedades. Puede dirigir el negocio de forma independiente o contratar a un equipo que le ayude a gestionar las cuentas de alquiler, proporcionar servicios de limpieza, realizar el mantenimiento y anunciar los alquileres vacacionales privados. También puede ofrecer paquetes gratuitos y sencillos para atraer a los viajeros.

CAPÍTULO 5: LOS TRABAJOS DE FIN DE SEMANA FAVORITOS DE LOS ESTUDIANTES UNIVERSITARIOS.

Para prepararse para sus futuras carreras, los estudiantes universitarios ya no pierden su tiempo libre en juegos online, chats y otras actividades frívolas. Empiezan a buscar oportunidades de empleo de fin de semana para aumentar sus ingresos. Las tres principales ocupaciones de fin de semana que prefieren se mencionan a continuación.

Tutor.

Este puesto es ideal para estudiantes universitarios. No requiere un alto nivel de destreza manual. Mientras se revisa la información previa, se pueden obtener más ingresos. En comparación con otros trabajos, este puesto es cómodo y está bien pagado.

No sólo puede mejorar tu expresividad y resistencia al hablar, sino que puede ayudar a consolidar tus conocimientos. Lo más importante es que su horario de trabajo es casi los fines de semana o las horas extraescolares. Por lo tanto, nunca obstaculizará las actividades académicas.

Asistente o camarero.

Es muy popular buscar empleo a tiempo parcial en restaurantes de comida rápida como KFC y McDonald's. Suelen contratar personal temporal los fines de semana y los días festivos. Debido al salario por hora y al modelo de trabajo por turnos, sólo puedes trabajar los fines de semana. Este trabajo de fin de semana no es especialmente exigente, pero debes prestar un servicio de atención al cliente cortés y ser capaz de manejar situaciones inesperadas.

Prácticas.

Las prácticas pueden beneficiar las futuras carreras de los estudiantes. Los estudiantes pueden proponerse si han demostrado experiencia en sus especialidades. Sin embargo, sus prácticas pueden ser ocasionalmente no remuneradas. Los distintos empleadores te compensarán de manera diferente.

En última instancia, tu activo más importante será tu experiencia profesional y tus excelentes habilidades prácticas. Las empresas, los supermercados, los hospitales y las instituciones públicas suelen ofrecer oportunidades de prácticas a los estudiantes.

¿Qué harás los fines de semana? ¿Visitar a los amigos, ir de compras, asistir a una fiesta o jugar a juegos en línea? Puede que todas estas actividades de fin de semana estén en desuso. Puedes unirte a varias personas que encuentran trabajos de fin de semana para pasar los fines de semana.

CAPÍTULO 6: GANE 1.000 DÓLARES EN UN SOLO FIN DE SEMANA.

Todos hemos visto los titulares en la portada de las revistas en el supermercado afirmando que es fácil ganar cantidades escandalosas de dinero en poco o ningún tiempo. Y es probable que hayamos visitado otros sitios web en nuestra búsqueda por ganar más dinero, sitios web que muestran una lujosa mansión y coches deportivos exóticos en la entrada para crear la idea de riqueza sin esfuerzo.

He comprado las revistas, he leído los artículos y he comprado bastantes de estos programas en línea. Todos parecen decirte lo justo para cumplir con la letra de la ley, pero nunca te dicen todo lo que necesitas saber para ganar la cantidad de dinero que dicen que puedes hacer, lo cual es extremadamente frustrante.

¡Me gustaría, por una vez, que alguien me dijera "cómo" hacerlo! Que me lo aclare. Por favor, ¡simplifíquelo para que pueda comprenderlo!

Así que eso es lo que haré. Demostraré cómo es posible ganar 1.000 dólares en un solo fin de semana.

Así que, empecemos.

Esto comienza con la venta. No digas que no puedes vender. Estoy seguro de que puedes hacerlo. Te vendes a ti mismo cuando solicitas un trabajo, ¿no es así? Aunque este CAPÍTULO trata sobre la venta, no es del tipo que puedes esperar. La gente ya reconocerá que quiere y necesita lo que vendes, así que no tendrás que convencerles de que lo compren. Hay que vender muy poco.

Si puedes acercarte a una persona desconocida y decirle: "Hola. ¿Cómo estás?", está bien.

En segundo lugar, se necesita dinero para ganar dinero. Lo mejor sería que tuvieras algo que vender, ya que habrá una inversión, pero la inversión inicial no tiene por qué ser de cientos de dólares. Yo empecé con apenas 200 dólares (reconozco que incluso 200 dólares es dinero para algunas personas; yo solía pensar lo mismo). Algunas personas empiezan con bastante menos), pero es difícil ganar dinero sin gastarlo primero, ¿no?

En tercer lugar, me dedico exclusivamente a los artículos nuevos. No recorro tiendas de segunda mano, ni asisto a ventas de garaje o de jardín en busca de artículos para revender, ni me sumerjo en los contenedores de basura.

¿Y qué hago? Vendo en mercadillos. Llevo décadas haciéndolo y me he ganado la vida decentemente trabajando solo los fines de semana. (Bromeo con mis amigos diciendo que mis fines de semana duran cinco días).

No se trata de ninguna ciencia espacial. Compro productos al por mayor y UPS me los entrega. Los traigo al mercadillo el sábado por la mañana y los expongo en mis mesas de forma atractiva.

Cuando llegan los clientes, los saludo con un agradable "¡Buenos días!" y comienzo una conversación como si los conociera desde hace años. Puede que les haga un cumplido sobre el color de su ropa o algo parecido. A todo el mundo le gustan los cumplidos.

Se acercarán a mis mesas para examinar mis productos cuando observen mi amabilidad. Observo su mirada lo más detenidamente posible para determinar su interés y describir las ventajas del artículo: qué puede hacer por ellos, cómo puede facilitarles la vida o mejorarla, etc.

No se trata tanto de marketing como de ser útil. Simplemente sonría y sea cordial.

Antes de que se dé cuenta, estarán cogiendo los artículos, examinándolos de cerca y decidiendo por sí mismos si valen el precio que he fijado. Es el caso, y se realiza una nueva venta.

Mantengo precios razonables. Sí, los subo para obtener un beneficio respetable, pero mantengo mis precios por debajo de los de venta al público. Los clientes saben lo que otros minoristas cobran por cosas similares y adoran una buena oferta.

Me instalo en los mercadillos más grandes y concurridos, donde pasan por mi puesto entre 1.000 y 5.000 clientes al día. Un porcentaje de esas personas se detendrá y mirará, y un porcentaje de los que se detengan y miren hará una compra.

1.000 dólares por fin de semana equivalen a 500 dólares por día (fin de semana de dos días). Aproximadamente el 33%, o 165 dólares, de los 500 dólares de ingresos se consumen en gastos (alquiler del espacio y su coste de venta al por mayor de los artículos + entrega). Para ganar 500 dólares diarios, debo hacer aproximadamente 665 dólares en ventas diarias. A menudo supero esa cifra.

Para ser completamente transparente, no tengo sólo 200 dólares en artículos disponibles. Tengo artículos por valor de entre 1.500 y 2.000 dólares (a mi coste al por mayor). Empecé mi negocio con sólo 200 dólares porque era todo lo que podía permitirme, y reinvertí las ganancias comprando más artículos y aumentando mi negocio. En pocos meses gané 800 dólares en un solo día.

Aumenté el precio de mis productos en alrededor de tres veces su precio al por mayor. Si pagaba 1 dólar por un artículo, lo vendía a 3 ó 4 dólares. Si pagaba 10 dólares, cobraba entre 30 y 40 dólares por él. La mayoría de los clientes compran varios artículos mientras están allí. Hago fácilmente muchos cientos de ventas al día.

Por lo tanto. ¿Es esto una ilusión? No.

¿Funciona? Sí.

¿Puede hacerlo?

Creo que ya conoce la respuesta.
En los tiempos que corren, muchas personas necesitan un empleo de fin de semana. Busca uno que esté bien pagado y que pueda hacer que tu fin de semana sea más agradable y no más aburrido.

CAPÍTULO 7: PASOS PARA ENCONTRAR RÁPIDAMENTE UN TRABAJO DE FIN DE SEMANA.

La vida es imprevisible, y puedes necesitar rápidamente un empleo de fin de semana o a tiempo parcial. He aquí siete pasos que permiten obtener un empleo de fin de semana en el menor tiempo posible.

Paso 1: identifica tus intereses y puntos fuertes.

Puedes estar pensando, ¡pero el puesto es a tiempo parcial! Es cierto. Sin embargo, muchos trabajos a tiempo parcial se han convertido en tiempo completo cuando coinciden con lo que inspira o es un punto fuerte de la persona.

Además, ¿por qué perder los fines de semana haciendo algo que no te gusta cuando tienes alternativas? Haz un rápido inventario de tus aficiones, tus puntos fuertes y lo que realmente se te da bien, y estarás en camino de encontrar un gran trabajo.

Paso 2: Preparar.

La preparación implica un currículum y otros detalles, como tener un buzón de voz para garantizar que alguien pueda ponerse en contacto con usted. El currículum no tiene por qué ser extenso, pero debe resaltar tus habilidades y experiencias más relevantes y atraer a la gente que comparte tus intereses y capacidades.

La preparación implica tener a mano la información de referencia, la información sobre el empleo anterior y el actual, y otros datos que un posible empleador de fin de semana pueda necesitar con urgencia.

Asimismo, determine de antemano el tipo de trabajo que desea, el que definitivamente no aceptará y por qué, las horas que está dispuesto a sacrificar, la distancia que está dispuesto a recorrer para trabajar los fines de semana y cualquier otra limitación. Distingue lo deseable de lo innegociable y sé consciente de por qué has establecido unos límites tan rígidos. Proteja su perímetro.

Paso 3: Presentar una solicitud en línea.

Buscar sitios de trabajo a tiempo parcial y presentar solicitudes para todos los puestos pertinentes.

Paso 4: Aplicar cara a cara.

Una vez que hayas presentado tu candidatura a las oportunidades en línea, debes empezar a llamar a las puertas. Para ello es necesario recorrer el centro comercial y preguntar a cada cliente potencial si está contratando. Entiendo que esto puede parecer raro, pero la forma de pensar no tiene ninguna diferencia. Me sorprende la cantidad de cambios de jornada parcial que se producen a raíz de la pregunta: "¿Busca trabajo de fin de semana o de media jornada?". A veces es así de sencillo.

Paso 5: Construir su red.

Informa a tu red social de que buscas un trabajo de fin de semana o a tiempo parcial y del tipo de trabajo que te gusta. La mayoría de los puestos no se publican, y la mayoría de las empresas prefieren adquirir personal rápidamente, sobre todo para trabajos a tiempo parcial. Esto implica que quieren confiar en las referencias de los empleados, por lo que es aún más vital que informe a su red de sus demandas. Ellos le ayudarán.

Paso 6: Mantener la cuenta.

Lleve un registro de las personas con las que ha hablado, sobre todo si tiene que volver a ponerse en contacto con ellas. El éxito radica en el seguimiento. A menudo, puede que no tengan una apertura inmediata, pero si te piden que vuelvas a comprobarlo, anótalo y hazlo, y te distinguirás de la multitud. Mantenga un registro para que su segundo seguimiento sea más eficaz.

Paso 7: Aumente sus opciones.

Si aún no has encontrado un trabajo de fin de semana o a tiempo parcial, puedes buscar opciones de trabajo en casa. Hay oportunidades legítimas de entrada de datos, montaje en casa, escritura y otros trabajos en casa. Evita las ocupaciones que suenan demasiado bien o que no utilizan tus habilidades y capacidades únicas.

CAPÍTULO 8: MIS 50 MEJORES MANERAS DE GANAR 100 DÓLARES EN LÍNEA EN UN FIN DE SEMANA.

Puedes ganar 100 dólares online en uno o dos días durante el fin de semana, siempre que tomes las medidas adecuadas. Aquí hay 50 formas de lograrlo y hacer un flujo constante de otros ingresos a tiempo parcial.

1. Cree un libro electrónico gratuito sobre un tema de tendencia y haga una venta adicional a sus clientes de una oferta premium. Distribúyalo en línea de forma gratuita.

2. Crea una reseña de un producto o libro popular, publícala en tu blog o sitio web con un enlace

de afiliado y distribuye tu pieza en un gran número de redes sociales y otros sitios web.

3. Si ya tienes una lista de correo electrónico, puedes enviar un correo electrónico promocionando un nuevo producto para ti o para otra persona como parte de un correo electrónico con contenido valioso.

4. Escribe de tres a cinco artículos destacados para examiner.com y promociónalos.

5. Publica varias entradas de blog frescas con Google AdSense y distribúyelas en Twitter, Facebook y otras redes sociales y sitios de marcadores. Hazlos actuales, pertinentes y atractivos.

6. Crea unas cuantas reseñas en vídeo de libros populares u otros productos y anúncialas con un enlace de afiliado en varios sitios web para compartir vídeos.

7. Cree una oferta atractiva y un contenido atractivo, y comparta el contenido con un enlace a la oferta atractiva en Facebook.

8. Utiliza la función de búsqueda de Twitter para localizar a personas que buscan una solución a un problema y diseña un producto que responda a su problema u ofrece un producto de afiliación.

9. Ofrece un producto que aborde un problema o responda a un tema urgente que la gente esté preguntando en tablones de anuncios y foros.

10. Visita los grupos de Facebook y realiza las mismas acciones que en los números 8 y 9.

11. Crear una breve subasta en eBay de un producto popular y venderlo.

12. Distribuir un libro electrónico gratuito, incluyendo enlaces de afiliación, e instar a las personas a que lo difundan.

13. Organizar una fiesta en Internet y vender ciertas cosas de gran demanda.

14. Cobrar una cuota por participar en un teleseminario sobre un tema popular.

15. Cobrar una cuota por participar en un webinar sobre un tema popular.

16. Promover una oferta de liquidación de productos en todo el sitio web a todo el mundo.

17. Cree una serie de vídeos en línea sobre un tema de actualidad. Regale uno y venda los demás.

18. Pasar todo el día realizando encuestas pagadas.

19. Cree un sitio web de una sola página con información valiosa e incluya un botón de donación de PayPal, solicitando que los visitantes contribuyan con lo que consideren que su contenido vale la pena.

20. Haz algunas fotografías adorables y sofisticadas. Publica tus fotos en Facebook o en otro sitio web popular y ofrece a los visitantes la oportunidad de comprar copias.

21. Sube algunas camisetas, pegatinas y otros productos únicos a Café Press y comercializa tu sitio web de forma agresiva.

22. Cree algunos logotipos de alta calidad y póngalos a la venta.

23. Crea una serie de audio de pago similar a un podcast y véndela.

24. Encuentra un negocio que necesite un anuncio en vídeo. Crea el anuncio y publícalo en línea en su nombre.

25. Encontrar un negocio que necesite una página web y desarrollarla para él.

26. Ofrézcase a producir testimonios en vídeo en Internet para algunas empresas. Cobre por este servicio.

27. Encuentra un cliente que necesite un redactor freelance y dedica tu tiempo a crear artículos para ellos.

28. Puede vender espacios publicitarios en su sitio web con suficiente tráfico.

29. Encuentra un sitio web que necesite vender algunos anuncios y pide una cuota de ingresos. Después, contacta con posibles compradores y proponles la venta de la publicidad.

30. Encuentra algunas empresas dispuestas a pagarte por ayudar a reseñar sus productos en tu blog.

31. Ofrécete a escribir entradas de blog para alguien a cambio de una compensación.

32. Encuentra los libros más vendidos en Amazon y haz anuncios de texto y vídeo con tu enlace de afiliado.

33. Ofrécete a hablar como invitado en un teleseminario y cobra por tu experiencia.

34. Ofrécete a aparecer en una emisión de televisión en directo sobre un tema en el que seas experto y solicita un pago.

35. Planifique un evento en directo sobre un tema de actualidad y venda las entradas por Internet.

36. Combine algunos de sus mejores contenidos en un producto informativo, véndalo a un precio ridículamente bajo y promuévalo agresivamente.

37. Ofrézcase a preparar comidas deliciosas y fáciles de preparar para la gente, luego anúncielas en línea en su región local y entréguelas.

38. Organice un concurso durante unas horas en el que las personas puedan ganar productos populares de gran valor y ofrezca a los que no hayan ganado un descuento considerable en el producto.

39. Ofrézcase a escribir y enviar tarjetas de felicitación o postales para una pequeña empresa o

persona que necesite el envío de muchas tarjetas o postales.

40. Anuncie que puede realizar servicios de mensajería local para unos pocos individuos.

41. Encuentre varios temas sobre los que pueda escribir en Associated Content y redacte los artículos correspondientes.

42. Ofrezca sus servicios como asistente virtual de fin de semana a una empresa que necesite un mínimo de trabajo en Internet.

43. Anuncie que puede realizar mecanografía de fin de semana desde casa para uno o dos clientes.

44. Visite upwork.com y busque trabajos por los que pueda pujar y completar con éxito.

45. Si hablas un idioma extranjero, puedes descubrir a alguien que necesite trabajo de traducción en línea.

46. Toma fotografías de algunos animales adorables y vende las imágenes en línea con el permiso de los propietarios.

47. Crea y vende algún material PLR original.

48. Crea cestas de regalo y véndelas junto a tus otros productos o como promoción de fin de semana.

49. Encuentra un negocio que necesite ayuda para configurar sus páginas de redes sociales y hazlo por ellos.

50. Cobrar a la gente por asistir a una charla o conferencia virtual dirigida a un nicho específico.

CONCLUSIÓN.

Hoy en día, todo el mundo busca un dinero extra. Si estás estudiando o trabajas en una oficina, sólo tendrás tiempo para ganar dinero extra los fines de semana. Sé un emprendedor los fines de semana y gana otro dinero.

Hay muchas oportunidades de ganar dinero los fines de semana si eres lo suficientemente ingenioso. Existen diferentes oportunidades de empleo durante el fin de semana para quienes buscan ganar dinero extra los fines de semana.

Si tienes un ordenador y una conexión a Internet, puedes plantearte primero trabajar desde casa y ganar dinero. Internet es uno de los mayores mercados del mundo. Utilizando los recursos de Internet, no hay límite en cuanto a lo que se puede ganar.

Antes de empezar, debes realizar una amplia investigación para determinar tu área de interés y el campo que mejor se adapte a tu tiempo disponible y a tu horario de trabajo.

Puedes incluso hacerlo dos veces por semana para ganar un dinero extra. Muchas publicaciones periódicas y periódicos buscan continuamente personal de reparto para los fines de semana. El reparto de periódicos podría ser otra opción a considerar. Puedes descubrir información relevante en tu periódico local.

Si te apasiona la jardinería, también puedes considerar ser jardinero de fin de semana. Plantar árboles, arreglar y cortar el césped y disfrutar de tu afición mientras ganas otro dinero. Seguro que tus vecinos buscan a alguien como tú.

Se necesita motivación, iniciativa y celo para ser un empresario de éxito. Los dólares son una consecuencia natural. Sé emprendedor los fines de semana y gana otro dinero.

Pruebe lo que yo hice si necesita dinero inmediatamente o en una hora. Hoy estoy ganando más dinero que en mi anterior negocio, y tú también puedes hacerlo si haces clic en el siguiente enlace y lees la increíble historia real. Yo sospeché sólo diez segundos después de unirme antes de saber qué era esto. Tú también estarás radiante de oreja a oreja, como lo estuve yo.

Como puedes ver, hay muchas opciones para que las madres se ganen la vida de forma razonable trabajando simplemente los fines de semana. La mayoría de la gente no se da cuenta de que un negocio de fin de semana puede ampliarse hasta el punto de no necesitar nunca más otro trabajo de 9 a 5. Si todavía no estás segura de estos métodos para ganar dinero, debes saber que hay muchas otras opciones disponibles.

En primer lugar, debes tener todo bien montado. Esto requiere dotar a su oficina en casa del equipo necesario, incluyendo un ordenador y sillas cómodas de oficina en casa. Debes saber que para ganar dinero online.

Habilidades de gestión para directivos.

1. Gestión del tiempo para directivos
2. Coaching de empleados para directivos
3. Creación de equipos para directivos
4. Confianza en sí mismo para directivos
5. Habilidades de negociación para directivos
6. Habilidades de atención al cliente para directivos
7. Asertividad para directivos
8. Etiqueta empresarial para directivos
9. Habilidades de escucha para directivos
10. Habilidades de liderazgo para directivos
11. Habilidades de comunicación para directivos
12. Habilidades de presentación para directivos
13. Gestión del estrés para directivos
14. Toma de decisiones para directivos
15. Gestión de conflictos para directivos.

Serie: Libertad financiera a cualquier edad.

- Lograr la libertad financiera a los 20 años
- Conseguir la libertad financiera a los 30 años
- Conseguir la libertad financiera a los 40 años
- Conseguir la libertad financiera a los 50 años
- Conseguir la libertad financiera a los 60 años
- Alcanzar la libertad financiera a los 70 años y más.
- Conseguir la libertad financiera en los niños
- Lograr la libertad financiera en los adolescentes
- Lograr la Libertad Financiera en los estudiantes universitarios.
- Estafas financieras a tener en cuenta en la jubilación.

Serie: Finanzas personales para usted.
- ➢ Compra y venta de criptomonedas para principiantes
- ➢ Por qué tiene sentido invertir en acciones de dividendos.

Serie: Riqueza 2022.
- ➢ Emprendimiento en línea.
- ➢ Empezar su propio negocio
- ➢ Gestión de la riqueza
- ➢ Ingresos pasivos.
- ➢ 12 pasos para iniciar su propio negocio.

Serie: Excelente servicio de atención al cliente.
- ➢ Excelente servicio de atención al cliente en el comercio minorista
- ➢ Excelente servicio de atención al cliente en comida rápida
- ➢ Servicio de atención al cliente excelente en restaurantes de servicio completo
- ➢ Excelente Servicio al Cliente en la Enseñanza
- ➢ Excelente servicio de atención al cliente en el sector inmobiliario

- Excelente Servicio de Atención al Cliente en un Centro de Llamadas
- Excelente Servicio de Atención al Cliente como Recepcionista
- Excelente Servicio al Cliente en un Hotel
- Excelente Atención al Cliente en la Venta
- Excelente Atención al Cliente sin importar la situación
- Excelente Atención al Cliente en Consultorio Dental
- Excelente Atención al Cliente en Consultorio Médico.

Serie: Dinero rápido.

- Dinero rápido en una semana
- Dinero rápido en un fin de semana
- Dinero rápido en un mes
- Dinero rápido para estudiantes.

Serie: Cómo promocionar.

- Cómo hacer que su negocio prospere durante una recesión
- Cómo promocionar su libro de recetas
- Cómo promocionar su libro infantil.

Biografía del autor

D.K. Hawkins A D.K. le gusta leer libros de negocios personales, así como pasar tiempo al aire libre. Más libros vendrán en esta colección, así que por favor siga en Amazon para más libros.

Gracias por su compra de este libro.

Honestamente lo aprecio y te aprecio a ti, mi excelente cliente.

Que Dios le bendiga.

D.K. Hawkins.

www.ingramcontent.com/pod-product-compliance
Lightning Source LLC
Chambersburg PA
CBHW050012230526
45465CB00003BB/1384